TRADING HABITS

39 DE LAS MEJORES REGLAS PARA OPERAR EN BOLSA

STEVE BURNS

HOLLY BURNS

Traducido por
MANUEL GARCIA

© Copyright 2019, Stolly Media, LLC.

Todos los derechos reservados. Ninguna parte de esta obra puede ser reproducida, distribuida o transmitida en cualquier forma o por cualquier medio, sin el consentimiento previo del editor, excepto en el caso de citas breves dentro de reportajes y/o críticas y otros usos no comerciales permitidos por las leyes de copyright.

EXECCION DE RESPONSABILIDAD

Este libro es meramente informativo y no debería ser usado como asesoramiento para inversión. Todos los traders deberían reunir información de múltiples fuentes y crear sus propios sistemas de trading. Los autores no asumen reclamaciones sobre el contenido del documento. Siempre consulte a un profesional antes de invertir su dinero. Por favor invierte con responsabilidad.

¿CUÁNDO COMENCÉ EN EL TRADING?

Repasando mi vida, no recuerdo un momento en el que no estuviera interesado en los mercados. Cuando era un adolescente me fascinaban las tablas de rendimiento compuesto y la magia del crecimiento del capital a lo largo del tiempo. Antes de internet, recuerdo mirar en el periódico las cotizaciones de bolsa, y desde entonces, mi pasión por el trading y los mercados no ha hecho más que aumentar.

He dedicado los últimos 20 años a la inversión y a los mercados financieros. Mi deseo de triunfar en el trading me ha llevado a leer cientos de libros y a intentar aplicar lo aprendido. Como la curva de aprendizaje fue tan escarpada, decidí crear un atajo para los nuevos traders; ese tipo de información que me hubiera gustado poseer cuando empecé.

Ese atajo es el curso online y el libro New Trader 101. He condensado todos los conocimientos clave que un nuevo trader necesita saber en un formato muy comprensible. Mi objetivo es que el nuevo trader se ponga al día rápidamente e invierta exitosamente, con muy poco riesgo.

Espero que me deis la oportunidad de enseñaros cómo crear y hacer crecer vuestro propio capital con el menor riesgo y stress posible. Será una de las cosas más gratificantes de vuestra vida. Para mí lo fue.

Steve Burns
NewTraderUniversity.com
@sjosephburns

EL PODER DE LOS HÁBITOS

"Los comportamientos correctos en el trading comienzan como reglas y evolucionan a hábitos" - Brett Steenbarger

---

En los deportes, en los negocios y en el mundo del espectáculo, los mejores son aquellos que piensan con detenimiento todo lo que hacen. Esta elite se ha entrenado a si misma para ser ágil, normalmente haciendo lo correcto en el momento oportuno. Los años de estudio y práctica han enseñado a su cuerpo y mente a reaccionar sin dudas, independientemente de la presión o la incertidumbre.

Cuando se comienza a estudiar una técnica exitosa, el proceso es mecánico y reflexivo. "Haz A, luego B, y es probable que llegues a C". La velocidad de reacción procede de saber exactamente qué hacer a un nivel profundo y subconsciente. Una vez asimilado lo que tienes que hacer exactamente, el paso final es practicar con dedicación. Solamente entonces seremos capaces de superar a nuestros adversarios.

El primer paso en el trading es aprender lo que necesitas para ser rentable. La formación debe ser la primera prioridad, de ahí que potenciar la comprensión del vocabulario del trading sea fundamental para el éxito. Métodos, sistemas, planes de trading, ratios de riesgo-beneficio y de aciertos... pueden parecer misteriosos para los principiantes. Debéis de encontrar tantas fuentes de conocimiento e información sobre trading como podáis.

El aprendizaje continuo, estudiar gráficos, testear patrones de precio, interactuar con traders experimentados y leer contenidos de trading de calidad son algunos de los mejores hábitos que un trader principiante puede desarrollar.

Centraros en ser hoy mejores de lo que erais ayer

Otra manera de generar una ventaja sobre vuestros adversarios es operar con disciplina. Muchos traders operan basándose en sus propias emociones, predicciones y opiniones. Todo esto genera las peores señales de trading, por lo que en su lugar hay que desarrollar reglas que nos guíen. Sustituid las opiniones por señales operativas, el ego por el tamaño de posición, y las emociones por un plan de trading.

Cuando tenemos el conjunto adecuado de reglas y las seguimos durante el tiempo suficiente, poco a poco se van convirtiendo en parte de nuestro estilo y personalidad como traders, acabando por aplicarlas de manera subconsciente. Sabremos que hemos alcanzado nuestra madurez como traders cuando nos sintamos incómodos infringiendo nuestras reglas. Esto significa que se habrán convertido en parte de nosotros mismos, y que son más poderosas que los impulsos emocionales.

Desarrollar y practicar poderosos hábitos de trading me ha hecho triunfar en los mercados financieros durante más de 20 años, a vosotros también os pueden ayudar.

I

REGLAS 1 – 15 (LOS FUNDAMENTO)

1.

Un sistema de trading ganador debe de ser diseñado para tener o un alto porcentaje de operativas ganadoras, o grandes ganancias y pequeñas perdidas.

Hay dos caminos para llegar al trading rentable, número o tamaño de las operativas ganadoras. Un sistema de trading con igual tamaño en las ganancias y en las perdidas puede tener más ganancias que pérdidas. Esto puede parecer de sentido común, pero es que sistemas con un alto porcentaje de aciertos pueden volverse rápidamente ruinosos cuando no se tiene el control de las pérdidas. Muchos de estos sistemas dejan correr las pérdidas y logran su alto porcentaje de operativas ganadoras aguantando el tiempo suficiente para que quellas vuelvan a terreno positivo.

Pero los sistemas con alto porcentaje de operativas ganadoras no funcionan cuando el entorno de mercado cambia de lateral a una tendencia, ya que las pérdidas no siempre vuelven al punto de partida. Es crucial cortar las pérdidas rápidamente incluso en este tipo de sistemas, porque una pérdida desastrosa no va a devolver los beneficios que se haya llevado por delante.

Este tipo de sistemas deben ser construidos sobre las probabilidades de que el objetivo de precio sea alcanzado, o de que el precio llegue al trailing stop (stop de seguimiento) antes que al stop loss. El viejo dicho de Wall Street que dice "No puedes arruinarte tomando beneficios", no es cierto. Si solo tenemos beneficios pequeños, basta un par de pérdidas grandes para quebrar nuestra cuenta.

En el polo opuesto, hay sistemas con menos operativas ganadoras que perdedoras pero que son rentables a largo plazo. Se mantienen las pérdidas pequeñas, y las operativas ganadoras son más grandes que las perdedoras. Los sistemas con un bajo porcentaje de operativas ganadoras son usados normalmente por seguidores de tendencias, traders que operan roturas de rango y compradores de opciones. Cuanto mayor sea el tamaño de las operativas ganadoras, menor tiene que ser el porcentaje de acierto para ser rentable.

La clave es eliminar el riesgo de sufrir más pérdidas cuando estemos equivocados, pero dejando el potencial de ganancias abierto. En otras palabras, cortar rápidamente las pérdidas y dejar correr las ganancias. Podéis dejar que vuestras operativas ganadoras sigan la tendencia lo máximo posible, capturando esos movimientos del precio inusualmente grandes, que van más allá de los habituales.

Para ser rentable con un sistema de bajo porcentaje de operativas ganadoras no tenemos que acertar siempre, tan solo tenemos que procurar obtener ganancias más grandes que las pérdidas. Si acertamos, nos mantenemos todo lo posible en el mercado. Si nos equivocamos, salimos rápidamente con una pérdida pequeña y esperamos la siguiente oportunidad. Salir de una operativa antes de tiempo al principio de una tendencia y dejar correr las pérdidas son las mayores causas de la falta de rentabilidad.

- Un ratio riesgo/beneficio 1:1 requiere un ratio de aciertos mayor del 50% para ser rentable.
- Un ratio riesgo/beneficio 1:2 requiere un ratio de aciertos mayor del 33% para ser rentable.
- Un ratio riesgo/beneficio 1:3 requiere un ratio de aciertos mayor del 25% para ser rentable.
- Un ratio riesgo beneficio 1:5 requiere un ratio de aciertos mayor del 17% para ser rentable.

Cuanto más grandes sean las operativas ganadoras, menos necesitaremos para ser rentables. Cuanto más precisas sean nuestras entradas y salidas, menos pérdidas soportaremos. Se puede ser rentable con pocas operativas ganadoras mientras mantengamos las pérdidas pequeñas. Las grandes pérdidas son el camino más rápido para no ser rentable, independientemente de las circunstancias.

2.

Vuestro sistema de trading debe ser construido basándose en hechos cuantificables, no en opiniones.

Pocos traders primerizos se doctoran desde las opiniones y predicciones al trading de acción del precio y señales. Estos traders pueden operar basándose en sentimientos, en cambio los profesionales lo hacen en base a hechos. Una señal es una razón cuantificable para iniciar una operativa basada en la acción del precio, un indicador técnico, una línea de tendencia o un patrón grafico. Incluso aprovechando la psicología del mercado a nuestro favor, debemos considerar estas estrategias técnicas.

Comprar en un retroceso no es una señal. Pero comprar en un pullback a la media móvil simple de 50 días, o cuando el precio alcance el nivel 30 del RSI dentro de una tendencia alcista sobre la media móvil simple de 200 días en gráfico diario, es basarse en un hecho cuantificable. Las señales deberían analizarse en gráficos amplios o testeadas para ver la rentabilidad derivada de su aplicación.

Los patrones de precio que se han repetido a lo largo de la historia tienden a hacerlo de nuevo, y crean señales que se pueden aprovechar para operar tendencias y reversiones.

Otros tipos de señales son más discrecionales y pueden basarse sobre la pura acción del precio y, de esta manera, comprar sobre roturas de rango de precios, tendencias o patrones gráficos. Sin embargo, operar así deja mucha discrecionalidad en las manos de un trader, y es difícil realizar un testeo. Los traders tienen que ser consistentes a la hora de dibujar líneas de tendencia, identificar patrones gráficos, y leer la acción del precio, para evitar ver lo que quieren ver.

Operar roturas de rangos es intentar capturar el comienzo de una nueva tendencia en cuanto el precio deja la zona actual y señala un potencial cambio de la misma. Tener una razón para operar es mejor que hacerlo basándose en una corazonada, una creencia, una emoción o una predicción. Y personalmente prefiero sin duda usar señales de trading cuantificables, como niveles de soporte y resistencia, medias móviles, MACD y RSI.

Es importante tener una razón específica que ponga las probabilidades a nuestro favor para entrar en una operativa. Esto os dará potencial para unos buenos ratios de acierto y riesgo/beneficio, y una gran oportunidad de estar en el lado correcto de la tendencia en vuestro marco temporal. Operar sin señales cuantificables significa operar aleatoriamente. Reemplazar vuestro trading discrecional por este tipo de señales os dará una razón específica para entrar en una operativa. Las creencias y predicciones acerca de lo que hará, debería hacer, o no pueda previsiblemente hacer el mercado, no constituyen un sistema de trading. Las entradas y salidas cuantificables en un sistema testeado de trading son el camino hacia la rentabilidad.

3.

Buscad setups con alto beneficio, bajo riesgo y alta probabilidad. – Richard Weissman

Cuando entramos en una operativa queremos una baja probabilidad de que nuestro nivel de stop loss sea alcanzado. Si compráis acciones de Apple cuando el precio está un 1% sobre la media móvil simple de 200 días y el precio no se ha situado por debajo en 18 meses, tendréis una buena oportunidad de que vuestro stop loss no sea alcanzado si lo situamos en un cierre por debajo de dicha media. Debemos procurar tener un riesgo bajo para nuestra cuenta si nuestro stop loss se activa. Comprar 100 acciones de Apple a 120 $ con un stop loss de cierre de sesión a 1.20$ respecto a nuestra entrada en una cuenta de 100.000 $ es un setup de bajo riesgo. (Por supuesto lo seguirá siendo en tanto las ganancias no se esfumen el día siguiente mientras estemos todavía manteniendo la posición).

Un gran ratio riesgo/benefcio es tener el objetivo de precio en una recuperación del 6% hacia la media móvil simple de 50 días, o del 10% hacia los máximos de una tendencia alcista. Cada entrada debería tener un nivel de stop loss con bajo riesgo de ser alcanzado. Vuestro tamaño de posición debe permitiros, incluso en el caso de una gran pérdida, sobrevivir para operar al día siguiente. Y vuestro beneficio debería ser dos o tres veces más grande que vuestro capital en riesgo para que la operativa merezca la pena. Esto puede daros un beneficio pequeño de primeras, pero os deja intacto ese potencial.

Operad de manera que, cuando estéis equivocados, vuestras pérdidas sean pequeñas. Buscad operativas con el potencial de obtener grandes beneficios. Entrad al mercado cuando las probabilidades de que vuestro stop loss sea alcanzado antes de que el beneficio merezca la pena sean bajas. Usad trailing stops cuando sea posible para maximizar las operativas ganadoras, salid del mercado con beneficios cuanto tengáis una razón para ello, y no porque las ganancias os pongan nerviosos.

4.

La respuesta a la pregunta "¿Qué es la tendencia?" es "¿Cuál es tu marco temporal?" – Richard Weissman

---

La mejor manera de obtener beneficios en la bolsa o en cualquier merado financiero es aprovechar una tendencia en vuestro marco temporal. Hay otras maneras, como vender opciones o creando coberturas mediante contratos de futuros. Pero la mayoría de los participantes del mercado intenta capturar una tendencia en su marco temporal de inversión o trading. Los inversores buy and hold (comprar y mantener) están apostando sobre la tendencia alcista de largo plazo de la bolsa durante el transcurso de su carrera. Los traders intradiarios intentan capturar tendencias desde que el mercado abre hasta que cierra, todo en el mismo día. Los swing traders operan comprando en mínimos para luego vender cuando la tendencia se recupere al alza, o se ponen cortos en máximos para cerrar posiciones cuando el precio posteriormente desciende.

Me he dado cuenta de que cuanto mayor es el marco temporal

más simple es identificar la tendencia. Los seguidores de tendencias de largo plazo filtran el ruido y aprovechan las tendencias basándose en gráficos diarios o semanales, esforzándose por evitar el ruido aleatorio del intradía. Diferentes sistemas funcionarán basados en el movimiento y la volatilidad de la tendencia en un marco temporal concreto.

En un mercado con una fuerte tendencia que haga máximos ascendentes o mínimos descendentes cada día durante semanas de manera consistente, los seguidores de tendencias obtendrán buenos resultados. Los mercados que se mantengan en unos niveles definidos de soporte y resistencia en gráficos diarios durante semanas, serán aprovechables para los swing traders. Los traders intradiarios prefieren la volatilidad durante una sesión, ya que les da oportunidades para lograr beneficios.

Cualquier sistema de trading, en cualquier marco temporal, es tan solo un conjunto de reglas que da al trader una alta probabilidad de aprovechar una tendencia. A la hora de construir un sistema y un plan de trading, vuestro objetivo debe ser descubrir maneras de capturar las tendencias, de modo que os sintáis psicológicamente cómodos y podáis lllegar a ser rentables financieramente.

5.

Comenzad con los gráficos semanales para establecer la tendencia de largo plazo, y luego trabajad descendiendo a los gráficos diarios y horarios para operar en la dirección de dicha tendencia. Las probabilidades de éxito son mayores si operamos en la dirección de la tendencia de largo plazo.

Las tendencias en el largo plazo son creadas por la acumulación o distribución de un activo, materia prima o incluso una clase entera de activos. Durante la fase de acumulación de un activo, los compradores entran largos y mantienen su posición, eliminando gran parte de la presión vendedora de ese mercado. Los máximos y mínimos ascendentes reflejarán esto en el gráfico. Así se obliga a comprar a precios cada vez más altos, porque los que han comprado el activo no están vendiendo y prácticamente han eliminado la oferta del mercado, dejando la demanda sin cubrir.

Los fondos de inversión acumulan una acción a lo largo del tiempo, porque quieren tomar una posición grande en la misma. Los grandes gestores no pueden comprar millones de acciones de una vez, lo que hacen es comprar en fases de manera que así no provocan que el precio suba demasiado rápido y les rresulte caro acumular. Aprovecharán los retrocesos en el precio para incorporar a sus posiciones. Un nivel clave para las acciones de crecimiento en tendencias alcistas es la media móvil simple de 50 días. En muchas ocasiones el soporte que encuentran las acciones en una media móvil relevante se debe a los gestores de fondos, que añaden a sus posiciones de largo plazo comprando en retrocesos a dicha media.

La acumulación se produce cuando los activos se compran para mantenerlos a largo plazo, creándose así tendencias duraderas con máximos y mínimos ascendentes. Es difícil operar corto en un mercado en fase de acumulación, ya que los retrocesos son muy breves y los compradores están esperándolos para comprar. Es más fácil seguir el flujo del capital en el mercado que luchar contra él; operar en corto apostando a una reversión del precio a su nivel inicial conlleva mucha dificultad. Esto difiere de un mercado que está siendo operado activamente, donde se crean resistencias cuando los compradores se retraen en un rango específicos de precio, y luego se encuentra soporte en un nivel donde no aparecen vendedores.

La distribución en un mercado es lo contrario a la acumulación. Es lo que provoca una tendencia bajista de largo plazo, dado que los que mantienen un activo quieren salir del mismo. Los grandes gestores e inversores comienzan a vender sus posiciones lentamente, y así no provocan que el precio descienda demasiado deprisa. En un mercado o acción que se encuentre en fase de distribución el precio hace máximos y mínimos descendentes consistentemente, en tanto que los vendedores toman el control y mantienen los precios bajando para encontrar compradores. Al romperse los niveles de soporte y saltar los stop loss, se producen más ventas y precios aun más bajos.

Los compradores en retrocesos son superados por los vendedores, forzando precios más bajos todavía, y los vendedores en corto comienzan a entrar añadiéndose a la presión vendedora. Los mercados en tendencia bajista suelen ser más volátiles que los alcistas, dado que los movimientos que aprovechan las posiciones cortas suceden en niveles de sobreventa, y los compradores en retrocesos regresan raudos para aprovechar el aparente suelo.

En los mercados en fase de distribución se suelen dar ventas en las subidas, y luego la tendencia bajista prosigue su curso. En dichas tendencias es posible aprovechar reversiones y giros hacia niveles previos de soporte, pero comprar durante una tendencia bajista debería hacerse con operativas rápidas, porque se está yendo contra la tendencia de largo plazo y el flujo del capital está saliendo del mercado.

Los mercados necesitan acumulación para tendencias alcistas de largo plazo y distribución para tendencias bajistas de largo plazo. Los rangos de precio se producen cuando un mercado está siendo operado activamente y los traders e inversores han establecido límites de precios donde comprarán o venderán. A largo plazo, la bolsa tiene una predisposición alcista porque hay una demanda compradora por parte de los fondos de inversión, los planes de pensiones, las recompras de las propias empresas, y los inversores en general. En cualquier mercado que operéis deberíais buscar pistas que os indiquen si se está produciendo acumulación, distribución, o tan solo operativas por la mayoría de los participantes del mismo. Haced un hábito de vuestro trading el permanecer en el lado del flujo del capital, en lugar de resistiros a la realidad de la acción del precio.

6.

Cuantas más veces un soporte o una resistencia es testeado, mayores son las probabilidades de que sea roto. La antigua resistencia pueden convertirse en nuevos soporte, y el antiguo soporte puede convertirse en nueva resistencia.

¿Qué es lo que produce una resistencia o soporte en los gráficos? El precio tiene memoria. Si el precio hace un nuevo máximo y luego se da la vuelta y desciende, muchos de los que compraron a precios más bajos decidirán vender inmediatamente si el precio vuelve a ese nivel. Estos compradores ahora crean un grupo de vendedores esperando al anterior máximo, que es su objetivo de venta. Cuando esto sucede, venden y se sienten aliviados. Son felices por no haber perdido una segunda oportunidad para vender en ese máximo que hace el precio. Estas ventas lo que provocan es que el precio descienda otra vez.

Algo similar ocurre cuando se forma un nivel de soporte del precio. Un grupo de inversores quieren comprar una acción por 98$, y cuando el precio retrocede brevemente, por ejemplo a 100$ para moverse después a 105$, los que quieren comprar barato pierden su primera oportunidad. Frustrados, deciden que si el precio retrocede de nuevo a 100$ comprarán a ese precio. Esto crea un grupo de compradores en el nuevo nivel de soporte esperando la oportunidad para comprar. Esto es lo que crea niveles relevantes de soporte y resistencia para las acciones: los objetivos y la memoria de los participantes en el mercado.

Los niveles de soporte y resistencia pueden ser testados una y otra vez hasta que su rotura produce un nuevo rango de precios, o el mercado comienza una fase de acumulación o distribución. Esto crea una tendencia que desarbola a los traders que operan el rango anterior. Posteriormente, los operadores de largo plazo toman el control, acumulando o distribuyendo posiciones y creando una nueva tendencia con máximos o mínimos consistentes, que remplaza el anterior rango.

Cuando se produce una rotura de rango y los grandes operadores toman el control acumulando o distribuyendo, producen una tendencia que no se limita a ir arriba o abajo. Existe un patrón con un mercado moviéndose en una dirección, confluyendo demanda, oferta y retrocesos. Si una acción tenía una antigua resistencia en el nivel de 105$ y de repente se dispara hasta 108$, es muy probable que el precio retorne al menos una vez al primer nivel. La acción encontrará compradores a ese precio, que apuestan por una nueva rotura del nivel de 105$ ya que perdieron la primera oportunidad. Cuando lo anterior se produce, se crea un nivel de soporte, de manera que una antigua resistencia se convierte en un nuevo soporte en una tendencia alcista. Los traders seguidores de tendencias y de Momentum que se perdieron la primera rotura de rango compran en el primer retroceso, buscando una oportunidad para subirse a la nueva tendencia y al nuevo rango de precios.

El antiguo soporte funciona de la misma manera porque los compradores existentes quedan atrapados en una posición cuando aquel se pierde. Ellos deciden que, si tienen otra oportunidad, saldrán del mercado cuando el precio vuelva al antiguo soporte. Esto crea una presión vendedora porque los inversores atrapados en una acción que está en pérdidas buscan un retorno al antiguo soporte para vender y salir del mercado.

Cuantas más veces son testeados los soportes y resistencias más probabilidades hay de que sean quebrados y se forme una nueva tendencia, ya que el mercado funciona por la relación entre los inversores que ya están en el mercado y los nuevos que entran. Acostumbraros a identificar antiguos niveles de soporte y resistencia, a operar en ellos mientras el mercado se mantenga en rango, y luego en base a las roturas que se puedan producir.

7.

Las medias móviles pueden cuantificar las tendencias y generar señales para entradas, salidas y trailing stops.

Las medias móviles en un gráfico son la manera más rápida de cuantificar la dirección de una tendencia en cualquier marco temporal. Pueden suavizar la acción del precio en una tendencia y enseñar en que lado de la misma se sitúa. La pendiente y dirección de una media móvil muestran el sentido y el empuje de la acción del precio.

Si el precio se sitúa sobre la media móvil de 5 días, un trader sabe que se mueve al alza en un marco temporal de 5 días. La manera más fácil de identificar una tendencia es buscar la alcista como máximos y mínimos ascendentes, y la bajista como máximos y mínimos descendentes. Otra manera rápida de identificar una tendencia es observar la acción del precio respecto a una media móvil en vuestro marco temporal. El precio moviéndose obre una media móvil relevante indica una tendencia alcista, y si se sitúa por debajo, una tendencia bajista.

Me gusta usar las medias móviles para identificar tendencias sobre líneas de tendencia y patrones de precio porque son 100% cuantificables. Una media móvil es pura matemática, puedes elegir una rápida sobre un marco temporal inferior como la simple de 10 días, o una más lenta como la simple de 200 días sobre plazos más largos. Puedes usar una media exponencial para dar más peso a los precios más recientes, o una que represente la media de precios sobre un periodo de tiempo como una media simple.

A pesar de que las medias móviles no sean el Sango Grial de las señales, pueden jugar un importante papel en vuestro sistema de trading. Se pueden testear sobre datos históricos usadas como señales de trading, o para estudiar cómo reaccionan los precios en gráficos con amplitud. Una media móvil también se puede usar en conjunción con otra para generar señales de entrada y salida cuando la de menor plazo cruza sobre la de mayor plazo.

Las medias móviles se pueden usar como señales de entrada cuando el precio las cruza hacia arriba, o como stop loss cuando lo hacen en sentido descendente. Pueden ser usadas como trailing stops, ya que permiten que una operativa ganadora prosiga, y también como herramientas de identificación de tendencias, que funcionan mejor combinadas con otros indicadores técnicos. Las medias móviles son mucho más recomendables que las opiniones porque siguen la acción del precio en lugar de una predicción.

Los mejores traders que conozco tienen reglas de trading para las medias móviles, y las integran de alguna manera en sus propios sistemas. Os recomiendo encarecidamente construir el hábito de estudiar los sistemas de medias móviles, testearlos, y usarlos en vuestros gráficos para ver lo que ocurre en los mercados en los que estáis operando.

Hay mucho que aprender sobre las medias móviles pero este no es el lugar para ello porque ya he escrito un libro sobre la temática.

Para más información os recomiendo mi libro Moving Averages 101: señales increíbles para ganar en bolsa.

8.

Los mercados alcistas no tienen resistencia de largo plazo, y los mercados bajistas no tiene soporte de largo plazo.

Muchos pequeños inversores son expulsados de un mercado bajista después de experimentar mínimos descendentes por un largo período de tiempo. Durante una caída del 20% de los precios en un mercado bajista, los niveles de soporte son perdidos repetidamente. Los stop loss saltan, provocando el cierre de posiciones alcistas, y el miedo lentamente invade a los operadores que ven como sus cuentas se van esfumando.

Los máximos y mínimos descendentes son un patrón de largo plazo reconocible, en tanto que los inversores salen del mercado en estampida vendiendo sus posiciones. Un mercado bajista con tendencia bajista es la mejor manera de quitarse de en medio a la mayoría de inversores, y preparar el terreno para una futura estabilización de los precios. El comienzo de una ralentización en la bajada de los precios aliviará la presión vendedora hacia el final de la tendencia bajista. Por otro lado, el mayor cambio en la acción del precio durante las correcciones y los mercados bajistas es que se deja de comprar en retrocesos, los cuales son reemplazados por caídas más profundas en el precio sin que los compradores consigan provocar rebotes.

Comprar en los niveles de soporte relevantes no funciona porque estos no aguantan y se convierten en roturas de rango bajistas. Las probabilidades están en vuestro lado para vender en mercados bajistas, y así estar en el lado correcto de la tendencia y del flujo del capital, que sale a marchas forzadas. Un mercado bajista es normalmente de poca duración, abarcando un período de 1 o 2 años. Las grandes subidas en mercados bajistas son causadas po el cierre de posiciones cortas para proteger beneficios después de una gran caída en los precios. Los que buscan comprar en suelos van teniendo aquí su oportunidad.

El final de un mercado bajista llega cuando se agotan las ventas. Con muchos inversores a largo plazo todavía vigilantes, y con los compradores en retrocesos conformando la mayoría de los nuevos participantes del mercado (que compraron en precios mucho más bajos), ahora es mucho más difícil que sean sacados del mercado. Y en este momento, se forma un nuevo suelo ,que va a perdurar.

Tanto en mercados alcistas como bajistas, las grandes tendencias suelen ser seguidas por un período de consolidación en los precios, que se estabilizan y encuentran nuevos rangos operativos. Los soportes y resistencias comienzan a tener otra vez significado y el mercado, como un todo, comienza a moverse entre ellos sin grandes ganancias ni perdidas en el camino. Es un período de incertidumbre y neutralidad, los traders e inversores no saben si la última tendencia ha terminado o cuando se reanudará. Este tipo de mercado se desarrolla sin crear tendencias, al no producirse ni acumulación ni distribución.

La característica principal de un mercado alcista es la capacidad de alcanzar repetidamente nuevos máximos. Primero con un máximo de 52 semanas, luego con máximos históricos. Los inversores bajistas sufren en estas condiciones dado que las resistencias no hacen retroceder el avance de los precios, sino que son rotas una y otra vez, obligándoles a cerrar posiciones. Esto introduce más momentum, que a su vez empuja a más traders a comprar fortaleza.

En los mercados alcistas comprar tiene recompensa. Comprar en retrocesos da a los traders e inversores la oportunidad de capturar el próximo movimiento hacia máximos históricos, mantenerse firme con posiciones largas al final tiene premio. Los mercados alcistas generalmente duran varios años y son el origen de los incrementos de capital a largo plazo. Aprender a salir del mercado en el final de un gran movimiento alcista aumentará dramáticamente los beneficios de un inversor que mantenga a largo plazo sus posiciones. Y hará lo mismo en el caso de quien cambie de posiciones largas a cortas cuando se entre en una tendencia bajista.

Tener reglas de trading que identifiquen los patrones de precio para mercados laterales y tendencias alcistas y bajistas, de manera que podamos operar de acuerdo al contexto, incrementará nuestra rentabilidad.

9.

Cuanto más grande sea el hueco en un mercado, mayores son las probabilidades de continuación y de una tendencia. – Linda Raschke

Los huecos del precio (gaps) en un gráfico son generalmente indicadores de tendencia en la dirección en la que se producen. Esto es especialmente cierto para acciones de crecimiento y materias primas. Muchos huecos se vuelven a cubrir, pero pueden transcurrir meses o incluso un año hasta entonces. Podéis capturar una buena tendencia en el intervalo si el hueco lleva a un movimiento de días, semanas o meses.

Un hueco de continuación significa que el mínimo del día del hueco se mantiene y una tendencia se establece durantte los próximos días. Cuando los huecos en el precio fallan y se vuelven a rellenar ese mismo día, se denominan huecos comunes. De manera general, si los huecos no se rellenan en la primera hora de la sesión, lo más probable es que no lo vayan a hacer y el precio continúe en la dirección en la que se producen para lo que reste del día.

La mejor manera de operar un hueco es comprar el primer retroceso al mínimo de la sesión. Esto da un mejor ratio riesgo/beneficio en la entrada, pero lo malo es que a veces los huecos son tan poderosos que el precio ya no retrocede. Se puede comprar en el hueco por la mañana, pero esto es más arriesgado porque no se sabe si el hueco aguantará. También se puede comprar en el hueco al final de la sesión, con un stop en un cierre por debajo del mínimo del día. Se trata de una operativa basada en la probabilidad de un fuerte momentum y una continuación de la tendencia.

Hay pocas cosas tan alcistas como un hueco de continuación alcista o tan bajistas como un huego ce continuación bajista. En cualquiera de los dos casos, se trata de una fuerte señal, y como tal no debe ser ignorada. Las probabilidades no están a nuestro favor si apostamos contra la dirección del movimiento. Aseguraros de que el hueco en la apertura ha superado el rango de oferta y se expande a un rango entero de precios, es importante escuchar lo que nos está diciendo.

La ubicación de un gap de continuación también ha de ser considerada. Un hueco alcista en el ETF del $SPY saliendo de una tendencia bajista desde un nivel de sobreventa de 30-40 en el RSI tiene mayores probabilidades de continuar que uno al final de una tendencia alcista con niveles de sobrecompra de 60-70 en el RSI.

El RSI en el $SPY generalmente comprende desde un nivel mínimo de 30 en sobreventa hasta un máximo de 70 en sobrecompra. Una acción de crecimiento cerrando huecos y descendiendo a su media móvil de 200 días encontrará compradores que la sostengan, dado que las ventas se han exagerado. Los huecos al final de una tendencia prolongada pueden señalar que esta llega a su fin, son los llamados huecos de agotamiento. Generalmente ocurren con gran volumen, finalizando la sesión mucho más abajo que el precio de apertura o el máximo del día.

Las materias primas y las acciones de crecimiento pueden ir más allá y estar en tendencia más tiempo que los índices o acciones de gran capitalización, por lo que los huecos en estos mercados deberían ser tenidos en cuento todavía más. Los traders deberían tener reglas solidas a la hora de operar huecos en los mercados que hayan seleccionado. Encontrar una manera de sacar partido a los huecos puede ser muy rentable.

10.

> La última hora de negociación a menudo desvela la fortaleza real de una tendencia. Es donde el dinero inteligente hace su aparición, continuando marcando posiciones a su favor. En cuanto un mercado tenga fuertes cierres de manera consecutiva, es de esperar que la tendencia alcista continúe. Y es previsible que esté próxima a su fin cando haya una fuerte subida por la mañana pero se acabe con un cierre débil. – Linda Raschke

En la bolsa la primera hora de trading es a menudo el período para los aficionados, mientras la última hora es como una especie de detector de mentiras.

Los traders principiantes son atraídos hacia los lados equivocados de las operativas en la apertura, pero el dinero inteligente espera para ver como cierra el mercado antes de tomar una decisión. En mercados bajistas, la sesión tiende a abrir con subidas con la esperanza de una reversión de la tendencia, y luego cierra más abajo, distribuyendo cuando esto no ocurre. En un mercado alcista la sesión suele tender a abrir más abajo por la recogida de beneficios, cerrando más arriba debido a la acumulación.

Por mi experiencia, a los traders les iría mejor si tuvieran el hábito de recoger beneficios por la mañana y tomaran decisiones para entrar en el mercado basándose en los últimos 30 minutos de la sesión. La acción del precio de la apertura a menudo se revierte, y las entradas al final de la sesión dan una visión clara de que ha pasado en el contexto de la sesión completa.

Operar al final de la sesión es también mejor psicológicamente porque se puede evitar el ruido intradiario de los traders que operen en este marco temporal y los algoritmos automáticos luchando contra ellos. Tendréis una mejor perspectiva de la acumulación y distribución a largo plazo de los grandes operadores del mercado. El trading al final de la sesión fue la piedra angular sobre la que construyeron su riqueza Nicolas Darvas, Ed Seykota, y Tom Basso.

El final de la sesión es el período durante el cual muchos seguidores de tendencias operan sus propias señales. Podéis optar por tomar beneficios en la apertura, entrar al cierre o solamente operar al final de la sesión. Asimilad el hábito de operar vuestro marco temporal de manera disciplinada, independientemente de la estrategia que escojáis.

11.

Por encima de la media móvil de 200 días es donde los alcistas crean las tendencias al alza. Las cosas empeoran por debajo de esta media: tendencias bajistas, distribución, mercados bajistas, crashes y bancarrotas.

La última frontera que separa una tendencia alcista de largo plazo de una bajista, y un mercado alcista de otro bajista, es la media móvil simple de 200 días en gráficos diarios. Para los seguidores de tendencias de largo plazo que se basan en marcos temporales más grandes, una referencia similar sería la media móvil de 40 semanas en gráfico semanal.

Muchos traders profesionales e inversores vigilan esta media e inician las compras y las ventas cuando el precio se aproxima a ella, sin haber nada místico alrededor. Lo que hacen simplemente es identificar si el precio se está moviendo por encima o por debajo de su media de los últimos 200 días. Esta es una manera efectiva de cuantificar su tendencia de largo plazo.

Antes de que un mercado caiga un 20% adentrándose en territorio bajista, lo usual es que previamente atraviese la media móvil de 200 días. Esta es una de las primeras señales de alarma para un trader, dado que le señala un cambio de tendencia. Los inversores a largo plazo pueden reducir sus pérdidas si salen de sus posiciones largas cuando el precio cierra por debajo de esta media.

Los traders pueden mejorar el ratio de acierto de su operativa poniéndose cortos cuando el precio cierra por debajo de la media móvil de 200 días, fracasa en su intento de rebote, y vuelve a cerrar por debajo. El precio normalmente suele encontrar soporte en los primeros descensos hacia esta media móvil, y los alcistas intentan comprar este retroceso en busca de un rebote inicial y un gran ratio riesgo/beneficio. En un mercado alcista incipiente, generalmente es la primera línea de soporte. Más adelante, cuando se pierde de nuevo, el precio tiende a ascender hasta ella.

Las acciones que pierden esta media móvil y comienzan tendencias bajistas, a menudo vuelven a subir hasta ella en varias ocasiones, antes de que la distribución tome el control y la acción se desplome. La media móvil de 200 días es una manera de diferenciar una tendencia alcista de largo plazo de una bajista. Las probabilidades están a favor de las posiciones largas en mercados que se sitúen por encima de esta media, y de las cortas cuando se sitúen por debajo.

La media móvil de 200 días puede ser usada como un filtro para un sistema de trading, validando antes de operar las señales de entrada, por ejemplo si el $SPY se sitúa sobre el nivel 50 del RSI y el precio está por encima de esta media. Los traders deberían tener el habito de considerar, en la mayoría de las ocasiones, las posiciones largas si el precio está por encima de esta media, y las cortas si se sitúa por debajo. También es un nivel relevante para los inversores en índices después de un prolongado mercado bajista, ya que pueden empezar a considerar entrar de nuevo ante el incipiente mercado alcista.

12.

Es mucho más fácil centrarse en poco que en mucho. – Jesse Livermore

La mejor manera de desarrollar una gran ventaja en el trading es estudiar, probar, operar, y dominar algo concreto. Es difícil superar a un experto en un mercado, setup, patrón gráfico, sistema de trading o activo específico. Pero puedes tener mejores resultados si te centras en una lista específica de activos o setups.

Conocer como unas acciones concretas se mueven en torno a medias móviles relevantes e indicadores proporciona una ventaja respeto a otros traders que se basen en opiniones. Estudiar como un mercado específico se ha comportado respecto a indicadores técnicos relevantes en los últimos 10 años os debería aportar la suficiente perspectiva.

Desarrollad un sistema robusto para operar la acción del precio sobre múltiples mercados. Esto es una cuestión simplemente de encontrar las señales de entrada y patrones que os den más opciones para operar si reducís vuestra lista de seguimiento. Seguid el hábito de operar la acción del precio que os proporcione resultados y que esté basada en un sistema, de manera que vuestro trading se convierta en una simple búsqueda de las señales correctas

13.

> Las tendencias surgen lentamente. Los cambios de tendencia se construyen pausadamente. El primer retroceso fuerte siempre encuentra compradores y la primera subida fuerte siempre encuentra vendedores. – Alan Farley

Es importante que un trader comprenda que las tendencias no suben o bajan linealmente. En lugar de eso, tienden a zigzaguear arriba y abajo desde los nuevos máximos hasta los anteriores, luego hasta otro nuevo y vuelta a empezar.

Los mercados y acciones raramente caen a plomo o suben como un cohete varios días consecutivos. Incluso en las más fuertes tendencias suelen retroceder a la media móvil exponencial de 5 días varias veces en su camino hacia los nuevos máximos

Las tendencias bajistas en los índices generalmente rebotan en varias ocasiones en el nivel 30 del RSI antes de continuar cayendo. Los mercados bajistas casi siempre presentan fuertes subidas hacia medias móviles relevantes, como la simple de 200 días, antes de capitular y caer durante un período de tiempo prolongado. Es importante salir del gráfico intradiario y tener una perspectiva de la tendencia a largo plazo desde marcos temporales más amplios. Hay que encontrar niveles de precio relevantes para entrar, donde podáis colocar vuestros stop loss de manera que no salten a las primeras de cambio, y todo ello antes de estar en disposición de aprovechar la tendencia del mercado a largo plazo.

En los índices las tendencias bajistas suelen rebotar cerca del nivel 30 del RSI, mientras que las alcistas por lo general retroceden al llegar al nivel 70 de este indicador. El indicador técnico MACD (Moving Average Convergence Divergence) intenta cuantificar el cambio en una tendencia y marcar una señal de entrada en el comienzo de un movimiento de corto plazo. Un trader puede decidir la cantidad de la tendencia que quiere intentar capturar, escogiendo el marco temporal y cuanto beneficio está dispuesto arriesgar para seguir aprovechando el movimiento.

Los traders deberían adoptar el hábito de encontrar maneras para aprovechar tendencias, ya que el precio por lo general zigzaguea y luego continúa en la dirección primaria del mercado. La habilidad para filtrar el ruido y capturar una tendencia es la principal tarea de un trader durante el desarrollo de su sistema de trading.

14.

El éxito en el trading consiste en hacer lo difícil con perseverancia, de manera que se convierta en algo interiorizado y automático. – Richard Weissman

La operativa fácil es generalmente la perdedora. Cuando un trader se siente muy cómodo entrando en una operativa para subirse a una tendencia, esta suele acabar en breve. Es difícil tomar señales de entrada con buen ratio riesgo/beneficio durante las grandes caídas en el precio, debido al miedo presente en el mercado.

Las mejores oportunidades de comprar en retrocesos suceden en niveles de soporte claves debido al temor extremo a un evento, que desencadena una caída a plomo de los precios. En la mayoría de las ocasiones, el temido evento no se produce y una gran subida se desarrolla con posterioridad al haberse evitado el fin del mundo.

Los traders e inversores a menudo dicen que quieren comprar en un nivel de soporte clave o un gran retroceso, e incluso tienen un precio objetivo, pero muchas veces lo anterior no ocurre debido a los miedos presentes en el mercado. El comprador del potencial retroceso queda tan paralizado por el miedo que no puede seguir su deseada señal de entrada, sus emociones toman el control.

Las mayores oportunidades para comprar se dan en los niveles donde se producen esos miedos sin fundamento, que no tienen base en la realidad del futuro desarrollo de los precios. Por supuesto, el miedo no es una señal por sí misma. Es lo que crea señales operativas en cuanto el precio alcanza niveles extremos de sobreventa, medias móviles de largo plazo relevantes y antiguas zonas de soporte.

Otra entrada difícil para operar es comprar en una rotura hacia un nuevo máximo por encima de un rango de precios. El movimiento inicial sobre la resistencia os hará sentir que estáis comprando demasiado caro o a rebufo. Pero un movimiento hacia un nuevo máximo histórico solo puede darse después de una rotura hacia un nuevo nivel de precios. Los traders de momentum y los seguidores de tendencias obtienen sus mejores operativas entre aquellas que, tras una rotura inicial, se dirigen hacia una nueva zona de precios, y luego siguen la tendencia durante semanas o meses con máximos ascendentes o mínimos descendentes-

Las dos maneras más rentables para operar son comprar en retrocesos extremos provocados por miedos infundados, o comprar roturas o momentum al principio de una larga tendencia, siguiéndola para obtener así grandes beneficios. Ambas opciones por supuesto son difíciles, porque un trader debe saber sobreponerse a sus miedos.

Todo lo que hace a un trader rentable es difícil de realizar. Comprar fortaleza inicial, vender debilidad inicial, comprar o vender en roturas y dejar una operativa correr con un stop de seguimiento, cortar pérdidas y aceptar que estamos equivocados...

Los mercados financieros pueden ser un baremo de la intuición, cuando las cosas aparentar ser tan obvias es cuando generalmente las oportunidades ya han pasado. La oportunidad existe en un estado de incertidumbre, cuando la mayoría está esperando a ver que sucede y que hará el precio, Este generalmente va en la dirección que causa los mayores estragos financieros y emocionales, porque la mayoría está normalmente equivocada en el largo plazo.

15.

> Las mejores operativas empiezan a funcionar casi desde el principio. – ArtOfTrading.net

Las mejores operativas son aquellas que encajan en vuestros parámetros de señal de entrada y tienen un stop loss en un nivel de precio que es difícil que sea alcanzado antes de que sean exitosas. Son aquellas que comprendemos en su totalidad y en las que aceptamos su potencial de riesgo y beneficio. Cuando el tamaño de posición se fija de manera que la colocación del stop loss limita el tamaño de la potencial pérdida, es una buena operativa de inicio. Las mejores operativas son aquellas que enseguida se ponen a nuestro favor, porque la entrada se ha producido en el momento adecuado.

Estas operativas acarrean poco stress porque son rentables casi inmediatamente y el stop loss se mantiene a salvo desde el inicio. Rápidamente nos damos cuenta de que será una operativa ganadora, y en lugar de centrarnos en si será o no exitosa, lo hacemos en manejar los beneficios. Nuestro tiempo y energía se dedicarán a establecer cómo y cuando saldremos de la operativa para proteger beneficios.

Las probabilidades de lograr una operativa ganadora son mayores si esperamos a un movimiento inicial en el sentido en el que queremos entrar, en lugar de lanzarnos a coger un cuchillo que cae o vender un activo que sube como un cohete.

II
REGLAS 16 – 27 (MENTE CONTRA EMOCIÓN)

16.

Las ilusiones deben ser desterradas. – Jesse Livermore

La esperanza es una peligrosa emoción cuando hablamos de trading. La infundada esperanza de una gran operativa ganadora hace que las personas se expongan con tamaños de posición excesivos, lo que les conduce a mayores pérdidas. La errónea esperanza de que una pérdida se convierta en beneficios lleva a algunos traders a ignorar su stop loss inicial y a mantenerse en el lado equivocado de la tendencia demasiado tiempo.

Cuanto mayor sea la esperanza de multiplicar el capital de una pequeña cuenta, mayor es la probabilidad de que un trader se lance a operativas arriesgadas y quiebre su cuenta. Pero la esperanza es una herramienta poderosa cuando alimenta la pasión de un trader por aprender, estudiar y crecer con paciencia y perseverancia. No es un plan de trading, ni una señal ni una guía sobre lo que hay que hacer.

Cuando llega el momento de tomar decisiones acerca de una

cuenta de trading, los traders deben estar habituados a sustituir la esperanza por hechos, y las emociones por reglas operativas. La esperanza es una gran herramienta para alcanzar los objetivos personales, pero es terrible a la hora de tomar decisiones de inversión.

17.

> El dinero se consigue descontando lo obvio y apostando por lo inesperado. – George Soros

Las operativas tan obvias que todo el mundo piensa que son pan comido generalmente no funcionan, porque cuando son tan obvias, ya es tarde. Cuando los traders que habitualmente fracasan están preparando entradas para perseguir una tendencia tardía, los exitosos ya están ultimando estrategias para proteger sus beneficios.

Lo imprevisto sucede regularmente cuando las acciones de crecimiento suben más allá de lo que se podría pensar, y el miedo a la pérdida de los primeros compradores y los bajistas se antepone a cualquier valoración fundamental. Cuanto todo el mundo esté de acuerdo con una operativa, cuidado. ¿Quién queda para comprar?

Si todos piensan que estás loco por comprar en un retroceso importante porque el mundo está a punto de acabar, entonces es cuando finaliza la presión vendedora y se está gestando una gran subida. El "indicador de odio para tu operativa" es genial, porque muestra que la mayoría tiene posiciones desde hace tiempo pero tú eres el primero en detectar una nueva tendencia o giro en los precios.

Los sentimientos extremos son una señal de que la mayoría ya está posicionada en un sentido y que un nuevo movimiento puede estar próximo. Lo obvio o lo inesperado no son señales de trading, por lo que se necesita un apoyo en señales técnicas que se alineen con el sentimiento extremo del mercado.

Cultivad el hábito de ir contracorriente. Cuando la mayoría piense que una tendencia debería parar inmediatamente o que continuará indefinidamente, tened cuidado. Operar en base a vuestras mejores señales cuando la mayoría piense que estáis locos.

18.

Una operativa perdedora cuesta dinero, pero dejar que siga sin control puede hacer que perdáis los nervios. Cortar las pérdidas para proteger vuestro capital y vuestros nervios.

Un trader se puede recuperar después de perder dinero, las pérdidas son parte del juego. Muchos de los mejores traders se recuperan incluso después de perder varias cuentas en su totalidad. Es mucho más difícil para un trader recuperarse después de perder la confianza en si mismo.

Dejar sin control una operativa perdedora, no respetando nuestro stop loss y dejando que las pérdidas sigan aumentando, es malgastar tiempo y energía. Desaprovechar un día, nervioso y sudoroso, por una operativa perdedora, esperando que se recupere, es una pérdida de tiempo. Siempre será mejor ser consecuente con nuestro stoploss, asumir la pérdida y seguir con nuestra vida.

Dejar que una pequeña pérdida se convierta en una gran pérdida es muy caro, tanto financiera como emocionalmente. Si queréis sobrevivir como traders en el largo plazo, es fundamental que asumáis las pequeñas pérdidas planificadas de antemano para poder manejar el stress. Hay maneras más productivas para un trader de emplear su tiempo que estar monitorizando cada tick del precio, rezando para que llegue un giro que le devuelva a beneficios.

Asumid el hábito de respetar vuestro stoploss inicial para limitar las pérdidas en vuestro capital emocional y en el activo más importante que tenéis, el tiempo.

19.

Nunca se debe operar con un tamaño de posición tan grande que provoque que nuestras emociones se antepongan a nuestro plan de trading.

Debéis operar con un tamaño de posición que podáis manejar, tanto mental como emocionalmente. Muchos traders asumen un tamaño de posición excesivo en sus operativas por el stress del trading y del riesgo que asume su capital, lo que genera a su vez reacciones indeseables. Tenéis que operar con un tamaño de posición que mantenga el ego y las emociones bajo control.

En el momento en que empecemos a tener problemas siguiendo nuestro plan de trading porque no queramos asumir una pérdida, o salir y admitir que estamos equivocados, entramos en zona peligrosa. Vuestro trading debe ser dirigido como un negocio. Si tenemos el corazón latiendo acelerado y las manos sudorosas, es que algo ha ido mal.

Reducid vuestro tamaño de posición de manera que las ganancias sean significativas pero podáis operar controlando las emociones. No operéis con 500 acciones de una empresa cuando deberíais estar haciéndolo con 100. A muchos traders no les importa perder 50$ o 100$, pero la idea de perder 500$, 1000$ o más les enferma.

No se puede operar con un tamaño de posición que perjudique vuestra habilidad para seguir vuestro plan de trading. Encontrad aquel que no afecte emocionalmente a vuestra operativa. Si 500 acciones os supone stress, bajad a 300 o al número con el que os encontréis cómodos. Recordad que cada operativa es tan solo una de las 100 siguientes. Tan solo es una operativa.

Habituaros a operar con un tamaño de posición que os mantenga neutrales emocionalmente.

20.

Operad el mercado, no el dinero. – Richard Weissman

Las decisiones en vuestro trading deberían basarse en la acción del precio y no en la urgencia por ganar dinero. Un stop loss debe basarse en un nivel de precio que demuestre que nos equivocamos, no en llegar al punto en donde hemos perdido todo el dinero que nos podemos permitir perder.

Los objetivos de beneficio deben establecerse en niveles técnicos de resistencia en los precios, y no echando cuentas. Operad en base a vuestro sistema de trading actual, más que en la cantidad perdida o ganada en cada operativa. No hay que salir de una operativa porque hayamos perdido 100$, sino porque nuestro stop loss ha sido alcanzado. No hay que fijar los stop loss arbitrariamente en el 1% de nuestro capital total, sino en el nivel de precios que nos demuestre que estamos equivocados. Después, estableceremos el tamaño de posición para que nuestra máxima perdida sea el 1%.

Los profesionales de otras disciplinas no se paran a mitad de la jornada a calcular cuanto dinero han ganado, están demasiado ocupados trabajando.

Habituaros a centraros en vuestro sistema de trading y a seguir el proceso para las entradas, salidas y el tamaño de posición, no en el dinero que estéis ganando o perdiendo en un momento dado.

21.

Cuando no haya nada que hacer, no hagáis nada. – Richard Weissman

---

Los traders pierden dinero entrando en operativas en las que no deberían, debido al aburrimiento o porque intentan que algo suceda. La motivación para entrar en el mercado debe ser una buena operativa con un buen ratio riesgo beneficio y una alta probabilidad de éxito.

Las operativas malas suceden habitualmente porque el trader es impaciente y quiere ganar dinero lo más rápido posible. Las operativas perdedoras son aquellas en las que una buena señal de entrada acaba con nuestro stop loss siendo alcanzado, mientras que una mala operativa es aquella en la que nunca deberíamos haber entrado. La habilidad para evitar entrar en operativas malas puede beneficiar a un trader tanto como la de entrar en las buenas.

Un trader debe aceptar el aburrimiento y esperar al momento adecuado. Entrar demasiado pronto en una operativa puede costar dinero, porque estamos operando una señal que no se ha producido. También es peligroso perseguir una operativa tardía en un movimiento, porque el ratio riesgo/beneficio no será tan favorable más adelante.

La habilidad para no hacer nada hasta que aparezca una señal es un provechoso hábito a desarrollar. El autocontrol, la paciencia y el apaciguar los impulsos os ahorrarán mucho tiempo, dinero y disgustos.

22.

> Opera lo que esté pasando, no lo que pienses que va a pasar.
> – Doug Gregory

Hay una gran diferencia entre el análisis técnico predictivo y el análisis técnico reactivo. Predecir es intentar adivinar dónde irán los precios en el futuro y entrar al mercado basándose en una creencia. El trading reactivo está basado en operar después de que una señal ha indicado el comienzo de una tendencia.

Predecir es creer que la bolsa está saliendo de un mercado bajista y operar en base a este pensamiento. Reaccionar es planificar, comprar en bolsa cuando un índice importante rompe y se mantiene sobre su media móvil de 200 días, porque este es el primer indicador de que está saliendo de un mercado bajista.

El mayor avance hacia la rentabilidad viene cuando paramos de operar basándonos en lo que pensamos que va a suceder en el mercado, y en lugar de eso aprendemos a operar señales que reaccionan a lo que está pasando. Los patrones gráficos, las medias móviles y las roturas de rango están diseñadas para capturar las tendencias basándose en señales.

Deberíais operar señales cuantitativas que os den altas probabilidades de capturar una tendencia en vuestro marco temporal. Al mercado no le importan vuestras opiniones, va donde quiere ir basándose en las acciones de todos sus participantes.

Habituaros a seguir el flujo del capital, y evitar intentar adivinar adonde está yendo.

23.

Desarrollad sistemas basados en las clases de "dolor" (debilidades) soportados cuando no estén funcionado, o los abandonaréis durante las pérdidas. – Richard Weissman

---

Una de las cuestiones más importantes que un trader puede plantearse antes de comenzar a operar es cuantas pérdidas está dispuesto a soportar en su cuenta de trading sin abandonar. Si comenzáis con 100.000$ en vuestra cuenta de trading, ¿pararéis de operar vuestro sistema después de perder un 10%? ¿Son 90.000$ el máximo dolor que podéis soportar en una pérdida antes de retiraros? ¿Podréis seguir operando si llegáis a 85.000$ o 80.000? Son cuestiones cruciales que deben ser respondidas antes de que comencéis vuestro trayecto en el trading.

Estructurad vuestro trading de manera que tengáis una baja probabilidad de quebrar por una sola pérdida. Los traders deben de fijar parámetros para sus beneficios, por ejemplo fijándose un 20% anual con una pérdida máxima del 5%. Objetivos más agresivos pueden ser un beneficio del 30% anual con una pérdida máxima del 10%. La agresividad de vuestros beneficios objetivos está correlacionada con vuestras pérdidas. Cuanto más beneficio queráis, más tendréis que arriesgar y mayor será la posibilidad de quiebra durante una racha negativa.

El diseño de vuestro sistema para el porcentaje de aciertos y la exposición al riesgo debería realizarse con vuestra tolerancia al riesgo y objetivo de beneficios en mente. Si queréis que vuestra máxima pérdida desde un máximo en una acción sea del 5%, vuestro riesgo para cada operativa debe ser ½% o 1%. El porcentaje de aciertos de vuestro sistema debería ser lo suficientemente alto como para que una severa racha de pérdidas no os suponga una reducción en vuestro capital de más del 5%.

Las pérdidas se basan en un nuevo máximo. Si vais de 100.000$ a 110.000$ y luego caéis a 99.000$, estamos ante una pérdida del 10%, aunque estemos tan solo un 1% por debajo del capital inicial. Muchos trader cometen el error de jugar con los beneficios de su capital inicial porque piensan que es dinero fijo. Pero las beneficios son vuestros solo cuando van a vuestra cuenta, y si queréis conservarlos, hay que tratarlos con el mismo cuidado que al capital original.

Habituaros a tener presente la máxima pérdida en vuestro capital que podéis mental y emocionalmente soportar, y diseñad vuestro sistema de trading con un tamaño de posición y una exposición al riesgo que os permita evitar llegar a ese extremo.

24.

Sed flexibles y seguid el flujo de la acción del precio en el mercado. La testarudez, los egos y las emociones son los peores indicadores para entrar y salir.

Las emociones y el ego son las peores señales de trading. La mayoría de los participantes del mercado operan basándose en sus sensaciones más que en identificar la tendencia en un momento dado. Debéis centraros en encontrar dicha tendencia y luego operar en la dirección de su acumulación o distribución. Esto os dará una sustancial ventaja sobre otros participantes del mercado menos disciplinados.

Cuando vuestros competidores vendan tarde una tendencia bajista porque temen perder dinero, podréis comprar con un gran ratio riesgo/beneficio. Cuando haya miedo por comprar en una rotura del precio en unos máximos históricos, podréis aprovechar la señal de momentum, comprar y vender más alto todavía.

Las tendencias alcistas, las bajistas y los mercados laterales tienen diferentes características, y los traders exitosos identifican en que tipo de mercado están, operando la acción del precio según se va desarrollando.

Habituaros a tomar buenas señales basadas en la acción del precio, y dejad las opiniones y predicciones para otra cosa.

25.

Un trader solamente puede tener éxito después de tener fe en sí mismo, en su sistema de trading ganador, y sabiendo que será disciplinado.

La fe en uno mismo vendrá después de que hayamos hecho los deberes y logrado ser capaces de seguir nuestro plan de trading con disciplina. La mayor razón por la que los nuevos traders fracasan en su primer año es que confían sobremanera en sus habilidades como traders antes de tener maestría en el trading.

La fe en uno mismo como trader es crucial para vuestro éxito, pero ha de ser una confianza con fundamento. Podéis tener un sistema de trading con alguna ventaja, pero debéis manejar el riesgo y tener el autocontrol suficiente para no arruinar vuestra cuenta. Por encima de todo, cuando hayáis aprendido lo que hay que hacer ante una determinada situación, debéis confiar en vosotros mismos para hacerlo en el fragor de la batalla, sin dudar.

Sin confianza no seréis capaces de entrar en las operativas con efectividad, pero con demasiada confianza operaréis con excesivo tamaño de posición y os destruiréis como traders sin remisión.

Confiad en vosotros mismos no solamente para hacer lo correcto, también para no hacer lo incorrecto.

26.

Algo que he aprendido operando durante años es que crisis es igual a oportunidad. – Dean Karrys.

Las tendencias bajistas más fuertes, que adoran los que operan en corto, normalmente se producen durante momentos en los que se percibe una crisis. Los retrocesos profundos durante tendencias alcistas (que son objeto de compras por parte de los traders), cuando los índices descienden hasta las cercanías de la media móvil de 200 días o el nivel 30 del RSI, generalmente suceden en un entorno de miedo extremo.

El mejor margen de seguridad para los inversores value que buscan entrar en acciones concretas a buenos precios suele ocurrir durante las crisis del mercado. Esto también puede suceder en una acción concreta que cae acusadamente, más que por una evaluación fundamental, por miedo a la pérdida.

La oportunidad en una situación de crisis se presenta primero en forma de ventas en corto, comprar después en el miedo, y luego entrar corto otra vez tras la subida de recuperación. Pero no hay que comprar por comprar en medio de una crisis, hay que esperar a que se den las señales adecuadas que os digan si hay que comprar o vender. Vuestras señales se deben basar en el análisis técnico reactivo, niveles pasados de soporte o resistencia, patrones gráficos de confirmación, herramientas técnicas como el MACD, RSI, y las medias móviles relevantes.

Buscad oportunidades en las crisis. Preguntaros a vosotros mismos cuando se dan los mejores ratios riesgo/beneficio, si vendiendo corto, comprando en profundos retrocesos u operando reversiones del precio y huecos.

Asumid el hábito de desarrollar vuestras propias señales reactivas técnicas de trading y operarlas con disciplina.

27.

Comprar en las malas noticias o vender en las buenas son dos de los mensajes más fuertes que el mercado puede emitir. – Richard Weissman

Si una inesperada mala noticia no puede tumbar un mercado en tendencia alcista, entones que lo puede hacer? ¿Qué puede hacer que un mercado bajista se gire al alza si no son unas buenas e imprevistas noticias? Un mercado es alcista si sube en las malas noticias, y bajista cuando baja si hay buenas noticias. Esto demuestra que los participantes del mercado no se apean de la tendencia incluso con noticias que son contrarias a su posición. Y es un filtro a tener en cuenta cuando se usa un sistema de trading discrecional.

Habituaros a examinar cómo reacciona un mercado a las noticias que deberían afectar a la tendencia actual. Las noticas por sí mismas no son señales, pero pueden ser combinadas con estas para reforzar la viabilidad de una operativa. Si el $SPY se dispara al alza desde el nivel 30 del RSI, a pesar de unas malas noticias, en el contexto de una tendencia alcista de largo plazo sobre la media móvil de 200 días, la operativa se reforzaría y sería más probable un rebote con continuidad.

III

REGLAS 28 -39 (LAS CLAVES DE LA RENTABILIDAD)

28.

Manejar las pérdidas y maximizar las ganancias.
Todas vuestras operativas deberían finalizar de una de estas cuatro maneras: una pequeña ganancia, una gran ganancia, una pérdida pequeña o en break even. Nunca deberíais experimentar una gran pérdida. Si podéis evitar las grandes pérdidas, tendréis una buena oportunidad de ser rentables en los próximos años.

Los traders nada más empezar se dan cuenta de que las grandes pérdidas son lo que más daño hace a sus resultados a largo plazo. Si estas grandes pérdidas no se hubieran producido, sus ganancias se incrementarían exponencialmente. La manera más rápida de incrementar vuestros resultados en el trading es parar inmediatamente de sufrir grandes pérdidas, que os arrebatan semanas, e incluso meses, de beneficios.

El uso de stop loss en cada operativa es lo único que puede evitar sufrir grandes pérdidas. El stop loss es el coste de asegurar el evitar estar en el lado incorrecto de la tendencia en un mercado a largo plazo. Puede ser frustrante tener una pequeña perdida, y que luego el mercado se dé la vuelta y vaya en la dirección que habíais pensado inicialmente. Sin embargo, es mejor estar seguro de sufrir una pérdida pequeña, no una grande.

Los stop loss deberían situarse en un nivel de precios que no sea fácilmente alcanzado, a no ser que vuestra operativa no vaya a funcionar. Deben ser colocados fuera del rango de la acción de precio normal, fuera del alcance del ruido. Cuando entréis en una operativa discrecionalmente, encontrad el punto donde digáis "si el precio llega a este nivel, probablemente me he equivocado acerca de su dirección."

Los trailing stops ayudan a maximizar las ganancias moviendo los stop loss según la operativa ganadora va avanzando en la dirección prevista. En tendencias fuertes, la media móvil exponencial de 5 días o la simple de 10 días pueden ser unos excelentes stops de final de sesión si el precio cierra por encima de estos niveles.

Asumid el hábito de saber donde estará vuestro stop loss antes de entrar en una operativa. Las pequeñas pérdidas son un peaje necesario hacia el trading rentable.

29.

> La clave para la supervivencia a largo plazo y la prosperidad está muy relacionada con las técnicas de money management (gestión monetaria) incorporadas en el sistema técnico. – Ed Seykota

Lo que determina la rentabilidad de un trader a largo plazo no es la brillantez de las entradas y salidas, sino el tamaño de posición, la exposición total al riesgo en un momento dado y el riesgo de ruina durante una racha perdedora. La manera más fácil y rápida de saber la calidad de los parámetros en vuestro sistema de money management es calcular cuantas operativas perdedoras seguidas se pueden tener y sobrevivir.

No importa vuestra percepción sobre el porcentaje de aciertos de vuestro sistema, la realidad puede ser más dolorosa de lo que pensáis. Una pérdida de un 50% es difícil de recuperar porque necesitaréis un beneficio del 100% para volver al punto de partida. Y lo más probable es que si vuestro sistema es tan malo de permitir una pérdida de ese calibre, os quedaréis a cero antes de poder recuperar.

Vuestro éxito como traders debe basarse en gran medida en vuestra habilidad para, o bien tener un bajo porcentaje de aciertos pero grandes ganancias y pequeñas pérdidas, o un alto porcentaje con pequeñas ganancias y pequeñas pérdidas.

Tener un sistema de money management que os exponga continuamente a grandes pérdidas acabará con vuestra cuenta en algún momento, sin importar los resultados anteriores.

30.

Sed disciplinados con la gestión de riesgo y flexibles percibiendo el comportamiento del mercado. – Richard Weissman

Mientras que operar la acción del precio requiere una mente abierta y flexibilidad para ajustarse a lo que esté sucediendo, la gestión del riesgo es una disciplina estricta que consiste en hacer lo que se ha planeado, sin miramientos.

Una vez que se establece un stop loss, es inamovible. Para vuestra cuenta puede ser letal no respetar vuestro stop loss inicial cuando es alcanzado. Esto es especialmente cierto en las acciones de crecimiento, porque una vez que entran en fase de distribución, la caída puede ser devastadora para los traders que no estén en el lado correcto del movimiento.

Cuando un stop loss bien colocado es alcanzado, puede significar que un gran movimiento es inminente y que estamos en el lado equivocado. Un stop loss fijado en un cierre por debajo del nivel 30 del

RSI sobre la media móvil de 200 días es un evento con baja probabilidad dentro de un mercado alcista. Pero si se produce un cierre por debajo, puede significar al anticipo de una gran caída cuando se pierdan estos niveles.

Desarrollad el hábito de no argumentar, negociar o esperar una vez que vuestro stop loss sea alcanzado. Salid de vuestra operativa, ya que vuestra rentabilidad a largo plazo depende de ello. Una vez que habéis establecido un buen stop loss con una baja probabilidad de ser alcanzado, debéis respetarlo.

31.

El tamaño de posición puede estar correlacionado con la calidad de la configuración de una operativa.

Independientemente del setup, es importante tener diferentes parámetros de tamaño de posición basados en la calidad de vuestra entrada y en el ratio riesgo/beneficio. La mejor estrategia es arriesgar con vuestro máximo tamaño de posición en las mejores configuraciones, y con el más pequeño en el resto.

Todos los traders de largo plazo tienen algunos magníficos setups de operativas, que tienen altas probabilidades de éxito. En estos, el trader debería entrar con su máximo tamaño de posición, porque no se van a producir muy a menudo. El trader puede también tener un tamaño de posición normal que sea el usado habitualmente sobre otras configuraciones con alta probabilidad.

Luego están los tamaños de posición más pequeños para las entradas que, a pesar de ajustarse a vuestros parámetros, pueden ser la primera señal de un período de volatilidad o de movimiento lateral, y que pueden no funcionar al principio.

No obstante, conozco traders que acostumbran a lidiar siempre con las operativas más feas, y que han incrementando sustancialmente sus beneficios debido a ello.

Asumid el hábito de hacer que vuestras mejores operativas sean las más grandes, y las perdedoras, las más pequeñas. Dominar esta estrategia incrementará exponencialmente vuestra rentabilidad.

32.

Nunca perdáis más de un 1% de vuestro capital total en una sola operativa.

La regla del 1% es algo que los nuevos traders se resisten a entender, pero es una de las más importantes dinámicas para el trading cotidiano. Esta regla no significa solo operar con un 1% de nuestro capital, ni tampoco solo arriesgar un 1% de la acción que estéis operando.

Si estáis operando con una cuenta de 100.000$ ninguna pérdida debe ser mayor a 1.000$. Esto significa que si operamos con 500 acciones de Apple con una cuenta de 100.000$, solo podemos arriesgar 2$ en esta operativa, porque si Apple baja 2$ y tenemos 500 acciones, perderemos ya 1.000$. Este es un ejemplo simplificado, pero es ilustrativo de lo que quiero decir.

La regla del 1% significa que nunca debemos perder más del 1% de nuestro capital total debido a una operativa perdedora, gracias al uso del tamaño de posición adecuado basado en un nivel técnico de stop loss para operar un determinado índice o acción.

Si convertís esta regla en parte de vuestro trading, cada operativa será automáticamente una de las próximas 100. Es difícil tener una gran pérdida en vuestra cuenta si una racha negativa de 5 operativas resulta en tan solo un menoscabo del 5% en vuestro capital total. Para cuentas grandes, el 1% puede ser demasiado riesgo por operativa, si pensáis que la reglas es muy estricta el problema puede ser el tamaño de la cuenta, no esta regla.

Muchos de los mejores traders aplican y confían en esta regla, lo que permite que sus carreras sean prolongadas y rentables. Con esta regla, no tenéis que temer las grandes pérdidas o la quiebra de vuestra cuenta, y se eliminará la montaña rusa emocional de vuestro trading, que se convertirá en un negocio. Los traders exitosos usan la regla del 1% con este fin, porque así nunca quiebran su cuenta, e incluso en condiciones de mercado desfavorables, sobreviven y operan otro día.

33.

Primero encontrad el nivel de stop loss que os enseñe que estáis equivocados en una operativa, luego ajustad vuestro tamaño de posición de acuerdo a ese nivel de precios.

Si compráis 500 acciones de Apple a 120$, y el soporte clave está en 118$ cerca de la media móvil de 200 días, entonces la regla del 1% cobra sentido. Sin embargo, esta regla no es exclusivamente para fijar los stop loss. Primero podéis encontrar el nivel de precio de soporte o resistencia que debería aguantar si vuestro operativa empieza a funcionar, y luego establecer el tamaño de posición de acuerdo a esta regla.

Si vuestro stop loss necesita estar 5$ por debajo del precio actual de Apple, cerca de la media móvil de 200 días, a diferencia del ejemplo anterior, solamente podríais operar con 200 acciones de Apple a 120$. Así podréis reducir vuestro riesgo matemático de ruina lo máximo posible. No queremos tampoco que nuestros stop loss sean demasiado ajustados, cuando se ubican en sitios muy obvios tienden a ser alcanzados. Es mejor no fijar un stop loss en nuestro broker exactamente en la media de 200 días.

Yo personalmente uso stop de final de sesión y tamaños de posición más pequeños para evitar la mayoría del ruido intradiario, para no ser expulsado del mercado prematuramente. Deberíais fijar un stop loss un poco por debajo de una media móvil, un 1% por ejemplo, o al final de la sesión, para evitar que sea alcanzado antes de que el giro del mercado a vuestro favor se produzca.

Seguid el hábito de fijar los stop loss un poco por debajo de los niveles más obvios de soporte y resistencia para evitar que salten prematuramente, y conseguir de este modo que lo hagan solo cuando nos hayamos equivocado del todo. Incluso con stops de final de sesión, yo actúo y acepto mi pérdida si esta afecta a un 1% sobre mi capital total en algún momento de la sesión. Pero esto no suele ocurrir con mi tamaño de posición y niveles de stop basados en la volatilidad.

34.

Nunca perdáis más del 3% de vuestro capital total en vuestro peor día.

Yo recomiendo no tener nunca más de 3 operativas abiertas a la vez, arriesgando no más del 1% en cada una. Esto da seguridad, y en ese punto todavía podréis capturar la tendencia del mercado.

El 3% debería ser vuestra máxima exposición al riesgo cuando todas vuestras señales se alineen. Durante mercados volátiles o laterales, podéis también tener cero exposición al riesgo. Esto os da flexibilidad para establecer cuanto riesgo queremos y cuando lo asumiremos. Así también limitamos las pérdidas que sufren muchos inversores en los mercados bajistas, porque un trader no tiene una cartera de inversiones, tan solo unas pocas operativas abiertas a la vez.

Habituaros a limitar la exposición al riesgo para vuestro capital total a un máximo del 3% en cualquier momento, y podréis lidiar con los días desastrosos en los que todo está en nuestra contra.

35.

Cuando opero mal, voy reduciendo mi tamaño de posición. De esta manera, operaré con mi tamaño de posición más reducido cuando peor se me esté dando. – Paul Tudor Jones

---

Cuanto peor operéis, más pequeñas deben ser vuestras operativas. Y viceversa, cuanto mejor sean vuestros resultado, más grande bebería ser vuestro tamaño de posición. Los traders normalmente tienen rachas perdedoras porque el contexto de mercado ha cambiado su naturaleza de volátil a no volátil, de una tendencia alcista a una bajista, o de una tendencia a una fase de lateralidad.

Analizad la racha perdedora o ganadora para ayudaros a comprender el entorno de mercado en el que estáis operando. Para maximizar vuestra operativa actual o minimizar el potencial de posibles pérdidas adicionales, ajustad el tamaño de posición y la exposición total al riesgo.

Practicad el hábito de ser menos agresivos cuando vayáis perdiendo, y más cuando vayáis ganando. Dejad que el mercado os diga si estáis equivocados o no.

36.

Los perdedores promedian las pérdidas.

Es un hábito letal para un trader el promediar las perdidas cuando el mercado nos ha demostrado que estamos equivocados. Si el mercado se da la vuelta y nos recuperamos, este mal hábito se reforzará, y llegará el momento en que no será posible volver al punto de partida, quebrando nuestra cuenta.

Añadir a una operativa perdedora es luchar contra la tendencia, no aceptando que estamos equivocados y maniatando un capital que podría ser usado para dar beneficios en una buena operativa.

Habituaros a no añadir jamás una operativa perdedora, aprendiendo de la experiencia y pasando a la siguiente oportunidad.

37.

> Nunca permitáis que una ganancia latente estadísticamente significativa se convierta en una pérdida asumida estadísticamente significativa. – Richard Weissman

Una vez que consigáis una operativa ganadora importante, es necesaria que se mantenga así mediante el uso de trailing stops u objetivos de precio para recogida de beneficios. La única manera de salir con beneficios es tener una estrategia de salida que os permite protegerlos mientras sigamos en el mercado.

Hay una ventana de oportunidad para proteger los beneficios, y es necesario que establezcáis parámetros para ello, porque las operativas ganadoras tiene una vida útil limitada y por lo general vuelven al punto en el que se originaron. Por ejemplo, si estáis posicionados alcistas en el $SPY, cuando este se aproxime al nivel 70 del RSI es buen momento para proteger beneficios operando en la tendencia.

Si estáis largos en una acción de crecimiento que ha estado ascendiendo durante 10 días seguidos, a continuación fracasa en el intento de hacer un nuevo máximo y cierra por debajo de la media móvil exponencial de 5 días por primera vez en ese período, es momento de considerar el proteger los beneficios.

Asumid el hábito de tener un plan para proteger beneficios en una operativa ganadora, y nunca permitáis que una gran ganancia se convierta en una pérdida.

38.

Comprended la naturaleza de la inestabilidad y ajustad vuestro tamaño de posición para el riesgo latente debido a los picos de volatilidad.

Debéis conocer el rango operativo de vuestra acción o índice durante los últimos 10 días y ajustar el tamaño de posición en concordancia. Deberíais ser capaces de gestionar un incremento en el rango operativo del 50% sin sufrir una pérdida devastadora.

Habituaros a ajustar el tamaño de posición no para el mejor escenario posible, sino para el peor. Gestionad siempre el riesgo y estad preparados para ajustarlo rápidamente cuando os encontréis ante mercados volátiles.

39.

Colocad vuestro stop loss fuera del rango del ruido, de manera que solo salte cuando os hayáis equivocado.

Buscad el nivel de precio para vuestro stop loss que tenga una alta probabilidad de no ser nunca alcanzado, de manera que tengáis tiempo de salir de vuestra operativa con beneficios. Una vez que encontréis ese nivel, podréis entrar en la operativa cuando el precio se encuentre cerca, estableciendo correctamente el tamaño de posición de manera que, si se da el peor escenario posible, la pérdida sea pequeña.

Muchos traders se centran en buscar los setups de más alta probabilidad para entrar en operativas. Pero si se añade a lo anterior un stop loss con baja probabilidad de ser alcanzado, tendréis una operativa potencialmente magnífica al poder dejar correr los beneficios.

Asumid el hábito de buscar tanto setups de alta probabilidad como stop loss de baja probabilidad.

POSTFACIO

De igual modo que en los deportes, en los negocios o en el mundo del espectáculo, los mejores traders han pasado cientos de horas desarrollando e implementando con éxito sus planes de trading. Lo que comienza con reglas se practica hasta que se convierte en algo más profundo y más significativo, se convierte en hábito.

Llegar a este nivel de éxito conlleva disciplina y perseverancia, pero se puede conseguir. Y yo os prometo que si os comprometéis a vosotros mismos a una rutina de rituales diarios de trading, y los practicáis con convencimiento, podréis ser mejores traders.

El propósito de este libro no es que adoptéis mis hábitos de trading, sino enseñaros la importancia de seguir un plan que sustentará vuestro éxito. Espero que ahora os sintáis confiados creando vuestros propios hábitos, y que estos os ayuden a alcanzar vuestros objetivos en el trading.

AGRADECIMIENTOS

Agradecimientos especiales a Richard Weissman, Dean Karrys y Doug Gregory por dejarme usar algunas de sus citas y reglas. Ellos están entre los mejores y son una inspiración en todo momento para los traders.

¿QUERÉIS APRENDER CON STEVE?

Visitad NewTraderu.com para aprender más sobre los métodos, libros y cursos online de Steve

www.ingramcontent.com/pod-product-compliance
Lightning Source LLC
Chambersburg PA
CBHW030951240526

45463CB00016B/2339